Gonzalo Sanabria Anzola.

Estudios bíblicos cristianos.

Sermones para predicar. Libro 4.

Te invitamos a conocer todos nuestros libros publicados aquí en: LIBROS DEL PASTOR GONZALO SANABRIA**. Amazon.com**

Adquiere nuestras series de sermones para predicar en Amazon.com:

Estudios Bíblicos para predicar.

Estudios cristianos para enseñar.

Sermones cristianos para enseñar.

Sermones para predicar.

Estudios Bíblicos.

Bosquejos de la Biblia.

Te invitamos a visitar nuestro sitio web:

ESTUDIOYSERMONES.COM

Contenido

Introducción:

Este Libro de Estudios bíblicos cristianos, está conformado por sermones o estudios de la palabra de Dios. Son temas útiles para estudiar y enseñar la Biblia a iglesias y grupos cristianos. Son sermones que el Señor Jesús me ha permitido escribir y publicar en otras oportunidades.

Cada uno de estos estudios bíblicos está debidamente organizado, su base o fundamento bíblico es abundante. Estos sermones están enriquecidos con notas y comentarios que consideran siempre el contexto, la cultura, el momento histórico, la geografía y el significado de palabras claves (según el caso del texto a enseñar).

Y por supuesto, se da gran valor a las notas prácticas y actuales para nuestro diario vivir.

De esta manera, este libro de Estudios bíblicos viene a convertirse en una herramienta de apoyo y consulta para predicar y estudiar las Sagradas Escrituras (Biblia).

Pensando en los lectores, los estudios o sermones están bosquejados de manera sencilla y fácil de utilizar en el ministerio de la predicación o enseñanza bíblica en cualquier lugar.

Considerando la composición especifica de cada uno de los sermones, debo decir que cada estudio tiene una introducción, varios puntos principales de exposición bíblica (cada uno con sus respectivas notas y comentarios), y una conclusión que cierra el sermón. Estos son estudios bíblicos cuyo propósito es enseñar y exponer correctamente la Sagrada Escritura.

Este texto de estudios bíblicos cristianos es el resultado de muchas horas de estudio, investigación y mejoramiento de los escritos que Dios en su bondad me ha enseñado y me ha permitido enseñar en diversos tiempos y lugares.

Espero que puedas leerlo y estudiarlo, y que además sea un instrumento en tus manos para edificación de tu fe, bendición para tu vida y familia, así como para compartir la palabra de nuestro buen Dios y Salvador Jesucristo el Señor.

Atte. Pastor Gonzalo Sanabria Anzola.

Introducción: Es muy importante confiar en las palabras de Dios, él no miente, en él no hay cambio ni sombra de variación. El Señor fielmente cumple todo lo que ha dicho.

Nada es difícil para él, nuestro Dios cambia el desierto en fuente de aguas, él puede hacer florecer en tierra seca, y nunca dejará en vergüenza a todo aquel que en él cree.

1) Dios promete libertad y restauración para los cautivos.

Jeremías 30:1-3 "Palabra de Jehová que vino a Jeremías, diciendo: Así habló Jehová Dios de Israel, diciendo: Escríbete en un libro todas las palabras que te he hablado. Porque he aquí que vienen días, dice Jehová, en que haré volver a los cautivos de mi pueblo Israel y Judá, ha dicho Jehová, y los traeré a la tierra que di a sus padres, y la disfrutarán".

Jeremías fue un profeta de Dios que desarrolló su ministerio en el siglo sexto antes de Cristo, aproximadamente. Fue testigo de las invasiones de

Babilonia sobre Judá. Y aunque fue usado para expresar palabras de juicio sobre Israel, también Dios dio mensajes de esperanza a través de él para su pueblo.

En la Biblia Reina Valera 1960, el capítulo treinta del libro de Jeremías tiene por título: "Dios promete que los cautivos volverán". Es un mensaje de liberación y restauración para el pueblo de Israel, primeramente. Sin embargo, como pueblo de Dios hoy, podemos también nosotros aprender y recibir los principios y bendiciones que esta palabra nos enseña.

El versículo tres nos enseña varios aspectos muy importantes:

"Vienen días, dice Jehová", expresión que nos permite ver que hay tiempos especiales de Dios, y en este caso nos habla de tiempos de liberación o libertad, pues dice el Señor: "haré volver a los cautivos de mi pueblo".

El pueblo de Dios había sido llevado cautivo a Babilonia, pero ahora viene para ellos libertad. La poderosa mano de Dios los devolvería a su tierra; es decir, el Señor restauraría su condición en la tierra de la bendición, lo que ellos habían perdido Dios lo restauraría; y aquello sería para disfrute y alegría de sus vidas y familias.

Nos dice Jeremías 30:10 "Tú, pues, siervo mío Jacob, no temas, dice Jehová, ni te atemorices, Israel; porque he aquí que yo soy el que te salvo de lejos a ti y a tu descendencia de la tierra de cautividad; y Jacob volverá, descansará y vivirá tranquilo, y no habrá quien lo espante".

Nos enseña este texto que el Señor quiere remover todo miedo del corazón de su pueblo, porque el miedo ata e impide el avance del hijo de Dios. Es Dios quien salva y libera nuestro corazón cuando ha caído en cautiverio, y lo mismo hace con nuestra descendencia.

El versículo termina enseñándonos que Dios restaura al cautivo generando reposo, descanso y una vida tranquila sin que venga alguien o algo que lo espante o aterrorice.

El ejército de Babilonia y sus generales, seguramente, causaban espanto, miedo y terror en los israelitas, pero el Señor dice: Aquello o aquel que te ha afligido, lo quitaré y no producirá más miedo ni terror en ti.

*(**Nota especial:** Sí deseas ser informado de nuestros próximos libros y las promociones gratuitas que ofreceremos, y sí aún no lo has hecho, envíanos tu correo electrónico a: contactolibrosgs@gmail.com . Será para nosotros un gusto que formes parte de nuestros contactos).*

2) Dios promete sanidad para los heridos.

Jeremías 30:12-13 "Porque así ha dicho Jehová: Incurable es tu quebrantamiento, y dolorosa tu llaga. No hay quien juzgue tu causa para sanarte; no hay para ti medicamentos eficaces".

Aquellas vivencias y experiencias en la tierra de Babilonia, las situaciones vividas en el cautiverio, las consecuencias de la rebelión, dejaron en el corazón de Israel quebrantamiento, heridas y dolor.

Seguramente, con frecuencia ante la opresión, maltrato y abusos por parte de los babilonios, Israel albergó el resentimiento, la frustración, complejos, y muchas otras cosas en su corazón. Israel se sentía menospreciado y olvidado por Dios, y es que lidiar con setenta años de cautiverio no era nada fácil.

La expresión: "no hay para ti medicamentos eficaces" nos muestra una situación complicada y profunda; de tal modo, que no hay medicina para aquella herida. Hay ciertas situaciones que requieren un trabajo especial, es lo que Dios quiere decir. Y se hace mucho más complicado cuando la persona busca sanidad en la fuente equivocada.

Jeremías 30:15-17 "Incurable es tu dolor, por la grandeza de tu iniquidad y tus pecados te he hecho esto. Pero serán consumidos todos los que te consumen; y serán hollados lo que te hollaron. Más yo haré venir sanidad para ti, y sanaré tus heridas, dice Jehová; porque desechada te llamaron, diciendo: Esta es Sion, de la que nadie se acuerda".

Esta porción de la Biblia nos enseña que aquel dolor y aquel quebrantamiento eran el resultado de la gran iniquidad y los muchos pecados. La solución es el arrepentimiento.

Luego, en el versículo dieciséis, Dios nos enseña que aquellos que oprimieron a Israel en su tiempo de adversidad, serán consumidos; aquellos que fueron adversarios del pueblo de Dios, caerán, irán en cautiverio, serán pisoteados, y serán victimas de otros.

En el versículo diecisiete, Dios promete sanar las heridas de su pueblo, y restaurar la identidad y el lugar de honra de la menospreciada y rechazada ciudad de Jerusalén. Dios es restaurador por excelencia, él sana las heridas del rechazo y del menosprecio.

Algunas veces esto se da a nivel familiar, empresarial, ministerial, universitario, etc; pero, Dios sana, restaura y levanta a sus hijos, él los pone en lugares o escenarios de bendición y privilegio.

3) Dios promete multiplicación y victoria sobre los enemigos.

Jeremías 30:19-20 "Y saldrá de ellos acción de gracias, y voz de nación que está en regocijo, y los multiplicaré, y no serán disminuidos; los multiplicaré, y no serán menoscabados. Y serán sus hijos como antes, y su congregación delante de mí será confirmada; y castigaré a todos sus opresores".

Eran tiempos difíciles, tiempos de opresión; pero, en medio de aquellos tiempos vino la palabra de Dios para fortalecer y restaurar la fe del pueblo del Señor.

Específicamente, Dios promete regocijo o alegría en medio de Israel. Entonces, así como han tenido tiempo de tristeza, dolor y lágrimas, el Señor traerá tiempos de regocijo. Es Dios quien transforma nuestros tiempos.

El Señor promete además: Multiplicación. <u>En dos ocasiones Dios dice: "los multiplicaré".</u> Ésta palabra se traduce del término hebreo "rabá", término que además quiere decir: abundancia, ensanchamiento, ganancia.

Dice además el Señor: "No serán disminuidos, ni menoscabados", palabras que desde el idioma hebreo bíblico nos dicen: "No serán humillados, no serán insignificantes, no serán menospreciados".

La Biblia Dios Habla Hoy dice: "No los despreciarán, porque yo los honraré". Estos significados nos permiten ver que Dios restaura y pone en lugar de privilegio y bendición a sus hijos. Él levanta y prospera a su pueblo.

El versículo veinte nos muestra la promesa del Señor respecto a la congregación, a su pueblo, aquel que llamó y sacó de Egipto con mano poderosa; y también para nosotros, pues él nos redimió con el poder de la sangre de su Hijo Jesucristo, y nos hizo linaje especial, nación santa, pueblo adquirido por Dios.

Dice el Señor: "su congregación delante de mí será confirmada", esto quiere decir: "La congregación ante mi presencia será establecida, firme y anclada con seguridad".

No es una congregación pasajera, no es una congregación que existe por corto tiempo; será estable, firme, preparada y oportuna para hacer la voluntad de Dios.

Este versículo veinte termina diciendo: "Y castigaré a todos sus opresores". Es decir, aquellos que atacaron a Israel, que lo calumniaron y lo menospreciaron, cuando Dios trataba con sus hijos, aquellos que se levantaron contra el pueblo del Señor cuando estaba vulnerable; ellos serán castigados, su soberbia y su orgullo caerán delante de Dios.

4) Dios promete bendición, provisión y buen futuro.

Jeremías 31:3-5 "Jehová se manifestó a mí hace ya mucho tiempo, diciendo: Con amor eterno te he amado; por tanto, te prolongué mi misericordia. Aún te edificaré, y serás edificada, oh virgen de Israel; todavía serás adornada con tus panderos, y saldrás en alegres danzas. Aún plantarás viñas en los montes de Samaria; plantarán los que plantan, y disfrutarán de ellas".

Una vez más Dios muestra su amor para con su pueblo, y nos dice que de modo especial "extenderá su misericordia". El proceso de edificación continua, él nos vestirá de gozo y alegría. La tristeza y el dolor se irán.

Según leemos en el versículo cinco, Dios bendecirá nuestra tierra, nuestro trabajo, la obra de nuestras manos y disfrutaremos el fruto y la cosecha de nuestras labores.

Vendrá una prosperidad especial, la cual a su vez vendrá acompaña del gozo que procede de las bendiciones de Dios, pues "La bendición de Jehová es la que enriquece, y no añade tristeza con ella", Proverbios 10:22.

Jeremías 31:16-17 "Así ha dicho Jehová: Reprime del llanto tu voz, y de las lágrimas tus ojos; porque salario hay para tu trabajo, dice Jehová, y volverán de la tierra del enemigo. Esperanza hay también para tu porvenir, dice Jehová, y los hijos volverán a su propia tierra".

Nos enseña el pasaje que Dios quitará el llanto, el quitará las lágrimas de dolor, porque salario hay para tu trabajo; no ha sido en vano seguir a Cristo y servirle a él.

A veces ante la adversidad, la escasez, y ante la ausencia de buenos resultados, podemos ver y hasta esperar un futuro más difícil; pero, Dios dice aquí: "Hay esperanza para tu porvenir" – "Hay esperanza para tu futuro".

Están por venir grandes, poderosas y hermosas bendiciones de la mano de Dios, porque el Señor rompe las cadenas y las cargas que los opresores habían puesto sobre su pueblo.

Además dice: "Los hijos volverán a su propia tierra", es decir, viene restauración familiar, y los hijos que han endurecido su corazón o han sido indiferentes al Señor, o que el enemigo los ha apartado, volverán al camino del Señor, volverán a su amor por Dios.

Conclusión: Dios promete nuevos tiempos, tiempos de restauración, tiempos de bendición y victoria sobre nuestros enemigos. El Señor es quien nos levanta y fortalece, él abre las ventanas de los cielos sobre su pueblo y derrama bendición.

Introducción: En nuestra vida cristiana la fe es fundamental. Es muy importante creer no sólo en el poder de Dios y sus milagros, también debemos confiar en su amor y en su perdón.

Cuando esto último no sucede, vemos a personas caminando bajo un manto de culpa, autocondenación, y considerándose como los más indignos del Señor y de sus bendiciones. Pero, Cristo Jesús y su obra, es la más grande muestra de amor de Dios hacia nosotros.

1) El poder del Señor genera sanidad.

Lucas 5:17 "Aconteció un día, que él estaba enseñando, y estaban sentados los fariseos y doctores de la ley, los cuales habían venido de todas las aldeas de Galilea, y de Judea y Jerusalén; y el poder del Señor estaba con él para sanar".

En primer lugar, se destaca a quienes estaban allí sentados para escuchar la enseñanza de Jesús: fariseos y doctores de la ley. Ellos eran los líderes de la vida religiosa de Israel en aquel momento, eran los maestros de la ley.

Sin embargo, el contexto nos enseña que ellos no aceptaban ni creían que Jesús era el Mesías, el Hijo de Dios. Ellos se oponían al ministerio del Señor y resistían su predicación; por eso, no recibieron los beneficios de Cristo; vemos pues que la dureza del corazón y la soberbia impiden alcanzar la gracia de Dios en Cristo (hablamos de perdón y salvación).

La última frase del versículo diecisiete nos dice: "El poder del Señor estaba con él para sanar", y esto es una referencia a la unción del Espíritu Santo sobre el Señor Jesús en su ministerio terrenal. Recordemos que el Señor no utilizó sus atributos como Dios para ejercer su ministerio en la tierra, él dependió del poder del Espíritu Santo.

La palabra "sanar" aquí, se traduce del término griego "iaomai" que significa: sanar, restablecer, renovar. Algunas veces esta palabra es utilizada en relación con la liberación de demonios.

Podemos decir entonces, que el poder del Espíritu Santo en Cristo viene para sanar al enfermo y al quebrantado de corazón, restaura al caído y aquello que ha sido dañado, renueva al cansado y desplaza lo antiguo e inútil para establecer y activar lo nuevo de Dios, además de liberar al cautivo de las obras del diablo.

2) Con la ayuda de Dios podemos superar nuestros propios obstáculos.

Lucas 5:18-20 "Y sucedió que unos hombres que traían en un lecho a un hombre que estaba paralitico, procuraban llevarle adentro y ponerle delante de él.

Pero no hallando cómo hacerlo a causa de la multitud, subieron encima de la casa, y por el tejado le bajaron con el lecho, poniéndole en medio, delante de Jesús. Al ver él la de ellos, le dijo: Hombre, tus pecados te son perdonados".

La parálisis del hombre ya era un obstáculo a superar. No sabemos cuánto tiempo llevaba aquel hombre esa condición. No podía desplazarse, él necesitaba de otros.

Es una imagen o símbolo del estancamiento o parálisis espiritual; hablamos de la incapacidad para avanzar, para conquistar, para alcanzar el plan y las bendiciones que Dios ha establecido para nuestras vidas.

La palabra de Dios nos dice que él fue llevado por otros, y era ellos quienes tenían fe en el poder de Jesús; esto nos deja ver, que él luchaba contra su propia incredulidad, tal vez contra sus propios complejos, o quizá el manto de la culpa sobre él era tan pesado que no podía moverse.

La Biblia nos dice que era tal la multitud alrededor de la casa donde estaba el Señor Jesús, que no era posible pasar con el paralítico hacia la entrada de la casa.

En otras ocasiones, son personas, o sus voces y argumentos, los que se levantan para oponerse en nuestro avance hacia Jesús y su verdad.

La palabra de Dios nos enseña que nuestros propios pecados vienen a convertirse en el más grande muro u obstáculo. En una ocasión el profeta Isaías le dijo a Israel:

"vuestras iniquidades han hecho división entre vosotros y vuestro Dios, y vuestros pecados han hecho ocultar de vosotros su rostro para no oír". Isaías 59:2.

La solución es la sangre de Cristo. El Señor Jesús dio su vida por nosotros en la cruz del Calvario. Debemos hacer lo que nos dice el apóstol Juan:

"Si confesamos nuestros pecados, él es fiel y justo para perdonar nuestros pecados, y limpiarnos de toda maldad", 1 Juan 1:9.

El versículo veinte nos dice que el Señor Jesús le dijo: "Hombre, tus pecados te son perdonados". Esto es muy interesante, pues antes de sanarlo, arregló con él el asunto de sus pecados.

Enseñándonos varias cosas: Que para Jesús esto es prioridad. Que era el pecado lo que estaba en mayor proporción afectando su vida. Qué sólo en Cristo encontramos verdadera salud y salvación.

3) Jesús conoce lo más profundo de nuestro corazón.

Lucas 5:21-23 "Entonces los escribas y los fariseos comenzaron a cavilar, diciendo: ¿Quién es éste que habla blasfemias? ¿Quién puede perdonar pecados sino sólo Dios? Jesús entonces, conociendo los pensamientos de ellos, respondiendo les dijo: ¿Qué caviláis en vuestros corazones? ¿Qué es más fácil, decir: Tus pecados te son perdonados, o decir: Levántate y anda".

Recordemos que había allí doctores de la ley, escribas y fariseos. Ellos hacían énfasis en su apariencia religiosa, en su conocimiento de la ley escrita, y en sus rutinas religiosas; pero, su corazón estaba lejos de Dios.

No estaban allí porque creyesen que Jesús era el Hijo de Dios, ellos no creían que él era el Mesías; quizá habían ido por curiosidad, o tal vez para cuestionar su doctrina o enseñanza, y para menospreciar su ministerio, entre otras cosas. Lo cierto es que no estaban allí con un corazón sencillo y humilde.

El Señor les habló diciendo: "¿Qué caviláis en vuestros corazones?". La palabra "cavilar" se traduce del término griego "dialogízomai", que además quiere decir: reflexión, pensamiento, razonamiento. Ellos no habían pronunciado palabra, razonaban en su corazón; pero, Jesús lo sabe todo.

El Señor Jesús sabía lo que en el interior de sus corazones pensaban y decían. Ellos menospreciaron al Señor, cuestionaron su obra y ministerio, rechazaron su perdón. ¿Qué cosas pensamos y decimos en nuestro interior? Jesús todo lo escucha, hasta los pensamientos más profundos de nuestro corazón.

Cuando nuestro corazón es "fariseo", somos jueces de los demás, condenamos a las otras personas y señalamos con énfasis sus debilidades y pecados; quizá no lo decimos, pero así lo pensamos, y Dios lo sabe.

Cuando nuestro corazón es como el de estos escribas y doctores de la ley, somos conocedores del mandamiento, y por eso, juzgamos a los demás según la ley, despreciamos a otros por sus luchas y debilidades, y nos consideramos a nosotros mismos "rectos y justos delante de Dios".

Es un gran error apoyarnos en nuestros propios actos para justificarnos delante de Dios. El Señor aborrece ese tipo de cosas.

En realidad, la Biblia dice que "nuestras justicias son delante de Dios como trapos de inmundicia" (Isaías 64:6), en donde la palabra "inmundicia" se traduce del término hebreo "ed" palabra relacionada con "flujo menstrual"; sólo es por la fe y la gracia de Dios en Cristo que somos perdonados y justificados delante del Señor.

Recordemos que Adán y Eva, después de desobedecer al Señor, se vistieron con hojas de higuera y al venir delante de Dios, él preguntó: "¿Quién te enseñó que estabas desnudo?".

Después de aquel dialogo, "Jehová Dios hizo al hombre y a su mujer túnicas de pieles, y los vistió", fue aquel el primer sacrificio, pues sin sacrificio, sin derramamiento de sangre no hay perdón de pecados, y Cristo (cordero de

Dios) fue quien dio su vida en la cruz para que nosotros fuésemos vestidos de su justicia.

4) Cristo destruye el poder del pecado.

Lucas 5:24-25 "Pues para que sepáis que el Hijo del Hombre tiene potestad en la tierra para perdonar pecados (dijo al paralítico): A ti te digo: Levántate, toma tu lecho, y vete a tu casa. Al instante, levantándose en presencia de ellos, y tomando el lecho en que estaba costado, se fue a su casa, glorificando a Dios".

Lo que había tenido postrado y estancado a aquel hombre, ahora es quitado y el Señor lo levanta de su condición. El único que realmente nos puede perdonar, sanar y restaurar se llama Jesucristo nuestro Señor.

Como nos enseña la Biblia, la maldad, la iniquidad, la rebelión, la desobediencia, son factores que hacen perder la bendición de Dios y deterioran la condición del ser humano.

Podemos observar en este caso, la poderosa obra del Señor Jesús, quien lo perdonó, lo levantó, y lo devolvió a su casa, libre, sano y restaurado. Debemos destacar, que esto fue posible cuando este hombre estuvo delante del

Señor, esto nos recuerda que es fundamental acercarnos a la presencia de Dios, pues allí sucederán grandes cosas.

Este hombre volvió a su casa glorificando a Dios, y la palabra "casa" es sinónimo de hogar, familia; el Señor tiene el poder de sanar y restaurar lo que ha sido dañado. Acerquémonos a Dios, y permitamos al Espíritu Santo trabajar en nuestro corazón.

Conclusión: Sin duda, el pecado es el más grande obstáculo del ser humano; pero, nuestro buen Dios envió a Jesucristo su Hijo a dar su vida por nosotros, y su poderosa sangre es el precio de nuestra redención. Recuerda que "Justificados, pues, por la fe, tenemos paz para con Dios por medio de nuestro Señor Jesucristo", Romanos 5:1.

Introducción: Sin lugar a dudas, el llamado de Dios a través de su palabra es el volvernos a él. Una y otra vez, el Señor nos motiva a buscar su presencia, pues de esto depende el resto de la vida; por eso él dijo: "Buscadme y viviréis" (Amós 5:4).

En la Biblia podemos ver, por ejemplo, que los patriarcas fueron hombres de altar, personas de comunión con Dios. Israel es también llamado como pueblo a buscar a Dios, al igual que la iglesia. El anhelo del Señor ha sido mantener comunión con su pueblo, manifestar su poder e impartir a los hombres sus bendiciones.

Todo esto requiere acercarnos a él y buscar su presencia; es esto precisamente lo que significa: ser sacerdotes para Dios; debemos mantener presentes las palabras del Señor Jesús cuando dijo: "separados de mí nada podéis hacer" (Juan 15:5).

Este estudio está sustentado en el capítulo treinta del libro de Éxodo, cuando Dios manda a Moisés a construir el altar del incienso o altar de oro.

1) Materiales del altar del incienso.

Éxodo 30:1-5 "Harás asimismo un altar para quemar el incienso; de madera de acacia lo harás. Su longitud será de un codo, y su anchura de un codo; será cuadrado, y su atura de dos codos; y sus cuernos serán parte del mismo. Y lo cubrirás de oro puro, su cubierta, sus paredes en derredor y sus cuernos; y le harás en derredor una cornisa de oro.

Le harás también dos anillos de oro debajo de su cornisa, a sus dos esquinas a ambos lados suyos, para meter las varas con que será llevado. Harás las varas de madera de acacia, y las cubrirás de oro".

a) Nos dice la Escritura que estaba elaborado en madera de acacia y estaba cubierto de oro puro; por eso, era también llamado el altar de oro.

La madera de acacia venía del desierto. La acacia es un árbol que florece en abundancia junto al agua. La madera de acacia es una madera resistente, perdurable. Debemos tener presente que el tabernáculo del desierto y el templo en Jerusalén del Antiguo Testamento, son figura y símbolo del Cristo que había de venir.

Esta madera de acacia, simboliza la humanidad de Cristo, aquel que resistió la tentación, la oposición, el dolor y la muerte en la cruz; por eso, "varón de dolores" fue llamado.

También observamos el oro, el cual representa la divinidad de Cristo. Vemos entonces, la humanidad de Jesús con la plenitud de su divinidad. Dios que se hizo hombre y hábito entre nosotros.

b) La altura de este altar era el doble de su longitud y el doble de su ancho.

Nos dice la Biblia en el versículo dos, que su longitud era de un codo y su anchura igual; pero, su altura era de dos codos; esto nos enseña que la oración nos acerca a Dios, nos eleva para comprender sus caminos y sus obras.

c) Este altar de oro tenía 4 cuernos, 4 anillos y 2 varas.

En las Sagradas Escrituras, el cuerno representa o indica poder; por eso, en los libros de Daniel y Apocalipsis, los cuernos representan el poder de los gobernantes o imperios.

En este caso en particular, los cuernos simbolizan el poder de Dios que responde a nuestra oración. Mediante nuestro clamor, se hace evidente el Dios Todopoderoso que responde a nuestras oraciones.

Se nos mencionan las varas, las cuales eran introducidas por los anillos para transportar el altar de oro por el desierto. Esto nos enseña que podemos levantar nuestra oración a Dios desde cualquier lugar, y desde cualquier tiempo de adversidad. Iban por el desierto, pero la oración a Dios haría que ningún obstáculo o enemigo los pudiese detener.

2) En este altar el sacerdote ofrecía el incienso.

Éxodo 30:7-8 "Y Aarón quemará incienso aromático sobre él; cada mañana cuando aliste las lámparas lo quemará. Y cuando Aarón encienda las lámparas al anochecer, quemará el incienso; rito perpetuo delante de Jehová por vuestras generaciones".

a) Estas palabras del Señor nos indican el deseo de Dios por una continua comunión con él. Las expresiones: "cada mañana" y "al anochecer", nos llevan a pensar en algo más allá de un encuentro ocasional o de vez en cuando con Dios.

El sacerdote debía quemar el incienso dos veces en el mismo día. Es sin duda, un llamado de Dios a buscarle con perseverancia y constancia, hacer de la comunión con Dios un estilo de vida. El incienso representa nuestras oraciones, aquellas que levantamos delante de Dios.

Es interesante, que de Daniel el profeta, el amado en los cielos, la Biblia nos dice: "solía arrodillarse tres veces al día, para orar y dar gracias a su Dios" (Daniel 6:10); el rey David, el amado de Dios, expresó: "en cuanto a mí, a Dios clamaré, tarde y mañana y a mediodía oraré y clamaré, y él oirá mi voz" (Salmo 55:17).

b) El incienso representa la entrega de Jesucristo a la voluntad de Dios Padre.

En el momento en el que el incienso era quemado, exhalaba un aroma agradable. Acerca de la obra de Jesús la Escritura nos dice que: "Cristo nos amó, y se entregó a sí mismo por nosotros, ofrenda y sacrificio a Dios en olor fragante", según Efesios 5:2.

c) La ubicación del altar es muy significativa. Éxodo 30:6.

"Y lo pondrás delante del velo que está junto al arca del testimonio, delante del propiciatorio que está sobre el testimonio, donde me encontraré contigo".

Como nos enseña la Biblia, el altar de oro estaba ubicado junto al velo, antes de ingresar al lugar santísimo, lugar de la presencia de Dios. Recordemos que el arca, ubicada dentro del lugar santísimo, es símbolo de la presencia del Señor; por tanto, entrar al lugar santísimo era entrar a la presencia de Dios, por eso, el Señor le dijo a Moisés: "allí me encontraré contigo".

Y ya que el incienso, es símbolo de nuestras oraciones, pues dice Apocalipsis 5:8 que "las copas de oro, llenas de incienso, que son las oraciones de los santos", se nos enseña que la oración antecede la manifestación poderosa del Señor. Se nos enseña que a mayor entrega, mayor nivel de la presencia de Dios.

Hay dos altares, uno es el altar del holocausto, el de bronce a la entrada del tabernáculo; y el otro, es el altar de oro o altar del incienso. El primero, nos habla del sacrificio, ante el cual acude el pecador para ser limpiado de sus pecados; el segundo altar es el que nos acerca a la presencia de Dios, es el que nos enfoca ya no en el pecado, sino en la santidad y amor de Dios.

3) Reflexionemos en los componentes del incienso.

Éxodo 30:34-36 "Dijo además Jehová a Moisés: Toma especias aromáticas, estacte y uña aromática y gálbano aromático e incienso puro; de todo en igual peso, y harás de ello el incienso, un perfume según el arte del perfumador, bien mezclado, puro y santo".

a) Las especias aromáticas.

Estas sustancias, por lo general de origen vegetal, eran usadas para embalsamar cadáveres. Por eso, nos hablan de muerte, de negación personal; y la verdad es que respecto a la oración, debemos negarnos a muchas cosas para estar con Dios.

b) El estacte y la uña aromática.

El estacte es un bálsamo que sale goteando de un árbol después de hacerle ciertos cortes. La uña aromática, era la parte que cubría la abertura de cierto molusco, cuya forma era similar a una uña, y al ser quemado expide un aroma agradable.

c) El gálbano aromático y el incienso puro.

Estas son resinas que se obtenían de ciertos árboles, al parecer mediante ciertos cortes. Eran sustancias que al ser quemadas generaban un olor fragante y un perfume agradable. Por eso también se le llamaba el altar del perfume. Podemos decir, que "sin oración, las cosas huelen mal".

Estas sustancias perfumadas no eran baratas, como tampoco lo es, la presencia de Dios. Varias de estas resinas o bálsamos se obtenían mediante cortes en la corteza de ciertos árboles, o mediante la muerte de ciertos moluscos o pequeños cangrejos; es decir, debemos rendir nuestra vida y lo que somos a Dios para que él haga según su buena voluntad.

Por eso, La oración con el aroma más agradable al cielo, es aquella que dice: "Que no se haga mi voluntad, sino la tuya; que no sea como yo quiero, sino como tú".

4) Revelaciones que nos enseñan el altar de oro y el incienso.

a) Es muy importante tener en cuenta, que este incienso era ofrecido a la misma hora del sacrificio; y por lo tanto, neutralizaba los desagradables olores de los sacrificios. De igual modo, la oración se convierte en el incienso que neutraliza o debilita los malos e impuros olores del mundo y de la naturaleza pecaminosa y egoísta del ser humano.

b) Como podemos ver, se hace mención a cinco componentes: especias aromáticas, estacte, uña aromática, gálbano e incienso; y el número cinco en la Biblia es el número de la gracia. Lo que nos recuerda, que es por la gracia en Cristo que podemos acercarnos a Dios.

Por eso dice la Escritura: "Jesucristo nos amó, nos lavó de nuestros pecados con su sangre, y nos hizo reyes y sacerdotes para Dios, su Padre; a él sea gloria e imperio por los siglos de los siglos. Amén", Apocalipsis 1:5-6.

c) No podemos olvidar, que en el altar de oro o del incienso, el sumo sacerdote tomaba el incensario de oro, ponía fuego del altar en él (fuego que había venido del cielo), y le agregaba incienso, y de rodillas por debajo del velo entraba a la presencia de Dios.

Hoy Cristo Jesús nos ha hecho sacerdotes para Dios su Padre, y nos ha abierto un camino nuevo y vivo, por el cual podemos acercarnos a Dios, y ministrar nuestra adoración al Señor Todopoderoso, nuestro eterno y buen Dios.

El altar de oro nos enseña que Dios desea que hablemos con él.

El oro y la madera de acacia nos enseñan que la oración es un privilegio divino dado a los seres humanos.

El altar de oro nos enseña que la oración nos acerca a Dios y a su gloriosa presencia. Nos recuerda que separados de Dios nada podemos hacer.

El altar de oro y el incienso nos recuerdan que debemos volvernos a Dios en oración, y cosas maravillosas sucederán, pues escrito está: "Clama a mí y yo te responderé".

Nadie sale de la presencia de Dios con las manos vacías, pues en su presencia hay plenitud de gozo, delicias a su diestra para siempre. Todo aquel que busca a Dios será bendecido.

Introducción: El Señor Jesús dijo: "No sólo de pan vivirá el hombre, sino de toda palabra que sale de la boca de Dios"; esto nos recuerda la importancia de la palabra del Señor para nuestras vidas.

Cuando el Señor Jesús dijo esto, lo dijo en el marco de la tentación en el desierto, allí derrotó al diablo diciéndole: Escrito está; la palabra de Dios es también una poderosa arma para derrotar al enemigo y superar todo obstáculo.

1) La palabra de Dios hace o produce la voluntad del Señor en la tierra.

Isaías 55:10-11 "Porque como desciende de los cielos la lluvia y la nieve, y no vuelve allá, sino que riega la tierra, y la hace germinar y producir, y da semilla al que siembra, y pan al que come, así será mi palabra que sale de mi boca; no volverá a mí vacía, sino que hará lo que yo quiero, y será prosperada en aquello para que la envié".

En el versículo diez, Dios mismo hace una analogía de su palabra con el agua que cae sobe la tierra y produce o genera cosechas y frutos abundantes. Así como el agua hace germinar y producir, la palabra del Señor hace germinar y producir aquello para lo cual Dios la envía.

El versículo once nos dice que la palabra de Dios, la cual sale de su boca, no sale en vano. Como el agua que viene con los componentes para germinar y producir, la palabra de Dios viene con el poder para producir o cumplir el deseo de Dios.

Dice el Señor que su palabra no volverá vacía a él, sino que hará lo que él quiere, hará aquello para lo cual fue enviada. La palabra del Señor viene cargada con poder de Dios para ejecutar o producir su voluntad en la tierra.

El término "hará" se traduce de la palabra hebrea "asá" que además quiere decir: fabricar, crear. Hablamos entonces del poder hacedor o creador de la palabra de Dios; el cual se hace evidente en su voluntad, por eso él dice: "hará lo que yo quiero".

No podemos esperar ver resultados creativos de la palabra del Señor según nuestros intereses, debemos usarla (proclamarla, declararla) de acuerdo a su voluntad.

Entonces, la palabra de Dios crea, hace, fabrica. Por eso, Hebreos 11:3 nos dice que "el universo fue constituido por la palabra de Dios, de modo que lo que se ve fue hecho de lo que no se veía".

Por ejemplo, Dios usó la palabra cuando dijo: "Júntense las aguas que están debajo de los cielos en un lugar, y descúbrase lo seco. Y fue así. Y llamó Dios a lo seco Tierra, y a la reunión de las aguas llamó Mares", Génesis 1:9-10. Lo seco no se veía, pero Dios con su palabra lo hizo venir.

Cuando oramos y declaramos la palabra de Dios, guiados por el Espíritu, veremos la realización de lo que Dios ha dicho, pues su palabra crea, hace, fabrica aquello para lo cual ha sido enviada.

Nos sigue diciendo el texto que "su palabra será prosperada en aquello para lo cual es enviada". "Prosperar" significa: triunfar, ser efectivo. La raíz de esta palabra significa: Empujar hacia adelante. La palabra misma de Dios tiene el poder para superar los obstáculos y prevalecer sobre toda oposición.

2) Cristo sustenta todas las cosas con su palabra.

Hebreos 1:1-3 "Dios, habiendo hablado muchas veces y de muchas maneras en otro tiempo a los padres por los profetas, en estos postreros días nos ha hablado por el

Hijo, a quien constituyó heredero de todo, y por quien asimismo hizo el universo;

El cual, siendo el resplandor de su gloria, y la imagen misma de su sustancia, y quien sustenta todas las cosas con la palabra de su poder, habiendo efectuado la purificación de nuestros pecados por medio de sí mismo, se sentó a la diestra de la Majestad en las alturas".

Esta porción de las Escrituras, comienza destacando el cómo Dios nos habla una y otra vez y de muchas maneras, siendo Cristo mismo su más grande mensaje; por eso, Jesús es llamado también el Verbo de Dios, y a quien debemos prestarle toda nuestra atención.

El versículo tres, nos dice varias cosas del Señor Jesucristo: La primera, es que él es el resplandor de la gloria del Padre y la imagen misma de su sustancia. Resplandor es luz, Dios es luz.

Por ejemplo, el sol tiene una luz poderosa, tanto que no podemos mirarlo directamente a medio día; pero, el sol nos bendice con su luz para la vida en la tierra. Cristo vino a mostrarnos la luz del Padre y la vida que en él podemos encontrar.

La segunda cosa, es la que quiero destacar: "él sustenta todas las cosas con la palabra de su poder".

Nos dice el texto, que es mediante la palabra de poder que Cristo sostiene toda la creación. Surge una pregunta aquí: ¿Qué es sustentar? Ésta palabra se traduce del término griego "feró" que además significa: mover, progresar, traer, sostener, impulsar.

Entonces, la palabra de Dios es activa, poderosa, obediente, hace que todos los planes del Señor avancen y progresen hacia lo que el Creador ha establecido y dicho.

Debemos reflexionar al detalle en la expresión: "la palabra de su poder". Aquí, el término griego para "palabra" es "rhema" que significa además: Declaración, afirmación. Y la palabra "poder" se traduce del griego "dunamis", que además traduce: habilidad, fuerza, milagro.

"Dunamis" es el mismo término usado cuando el Señor Jesús dijo: "recibiréis poder cuando haya venido sobre vosotros el Espíritu Santo", Hechos 1:8.

Podemos decir entonces, que la palabra de su poder es la declaración guiada por el Espíritu Santo y que hace avanzar al cristiano hacia el plan de Dios, hace progresar el propósito del Señor, y que le sustenta en Cristo Jesús, así como todas las bendiciones y dones que el Señor le ha entregado.

3) La palabra de Dios nos edifica y nos revela la herencia.

Hechos 20:32 "Y ahora, hermanos, os encomiendo a Dios, y a la palabra de su gracia, que tiene poder para sobreedificaros y daros herencia con todos los santificados".

El apóstol Pablo se está despidiendo de la iglesia de Efeso en Mileto, allí les hace una serie de recomendaciones y ora por ellos. En el versículo treinta y dos hallamos poderosas enseñanzas del Espíritu Santo a través de Pablo.

En primer lugar, menciona la palabra de la gracia de Dios. Y sin duda, la gracia en el Nuevo Testamento hace referencia a Cristo, a su obra redentora en la cruz del Calvario, y a la salvación que recibimos sin obras, por la fe en él.

Esta palabra de la gracia de Dios, tiene según este texto, dos aspectos fundamentales: Tiene poder para sobreedificarnos, y tiene poder para darnos herencia con los santificados.

Para sobreedificarnos, quiere decir literalmente: Para edificar encima, para construir sobre. Hacer más capaz.

Fortalecer. Entonces, la palabra de la gracia de Dios nos enseña nuevas y mayores revelaciones de Cristo, que nos ayudan a crecer, nos fortalecen y nos hacen más capaces y eficientes en la obra del Señor.

En segundo lugar, nos dice que la palabra de la gracia de Dios tiene el poder para darnos herencia con todos los santificados. Está claro que los santificados, son los que han sido redimidos y lavados por la sangre del Cordero de Dios, Jesucristo nuestro Señor; y que además, se apartan de la malo y se consagran a Dios, pues esto es lo que significa la palabra "santificado".

"Para darnos herencia". La herencia es lo que recibe un hijo de parte de sus padres. La parábola del hijo prodigo, nos enseña que este tomó anticipadamente la herencia y la malgastó viviendo perdidamente; su hermano se quedó en casa con todos los beneficios de estar bajo la cobertura del padre.

Finalmente, fracasado, arruinado, con dolor y arrepentimiento, el hijo prodigo volvió y su padre lo perdonó; además, le puso anillo en su mano haciéndolo de nuevo heredero.

Mediante el testamento, los padres disponen la herencia para los hijos. Creo, que no es en vano, que nuestra Biblia esté compuesta por el Antiguo y por el Nuevo Testamento, los cuales nos revelan la herencia del Padre celestial para nosotros, sus hijos.

Somos hijos de Dios, coherederos juntamente con Cristo, y si profundizamos en la palabra de su gracia con la ayuda del Espíritu Santo, conoceremos todas las cosas que Dios nos ha concedido.

4) La palabra de Dios genera salud, libertad y protección.

Lucas 4:36 "Y estaban todos maravillados, y hablaban unos a otro, diciendo: ¿Qué palabra es esta, que con autoridad y poder manda a los espíritus inmundos, y salen?".

Nos dice la Biblia que el Señor Jesús estaba enseñando en una sinagoga en el día de reposo, y allí había un hombre afectado por un espíritu inmundo. Nótese que él asistía a la sinagoga, cantaba los himnos y estudiaba la ley del Señor como los demás. Aun así, padecía una aflicción demoníaca.

Aquel día estaba el Señor Jesús enseñando su palabra; y aquel espíritu inmundo, el cual seguramente, nunca antes se había manifestado, lo hizo allí. El Señor Jesús lo expulsó con su autoridad y su palabra. Es interesante observar, que el mensaje de Jesús ("palabra") contenía el poder para hacer libres a los cautivos.

Mateo 8:16, nos dice literalmente que "con la palabra echó fuera a los demonios, y sanó a todos los enfermos". Entonces, la palabra del Señor tiene poder para echar fuera demonios, produce salud en los enfermos, y rompe las cadenas del cautiverio.

Con razón dice la Escritura en el libro de los Salmos, que el Señor "envió su palabra y los sanó, y los libró de su ruina", Salmo 107:20.

El apóstol Pablo nos dice en Efesios 6:17 que la palabra de Dios es la espada del Espíritu. Es del Espíritu Santo, la cual él quiere usar a través de nosotros. Por tanto, debemos permitir que él nos dirija en nuestro tiempo de oración para declarar su poderosa palabra, y así utilizar su espada de manera efectiva.

Sigamos la dirección del Señor para declarar su palabra en oración, y así traer a lo natural y visible, las cosas que no se ven, pero que Dios ya ha establecido para nuestras vidas.

Conclusión: Con toda razón, debemos no sólo agradecer a Dios su poderosa palabra, es necesario y fundamental apropiarnos de ella, orar declarando siempre la poderosa y buena voluntad de Dios para nuestras vidas.

Tema 5: El amor que excede a todo conocimiento.

Introducción: Muchos son los problemas y crisis que vivimos por no tener clara nuestra identidad y por no fortalecernos en el amor de Cristo. Estamos en un mundo en el cual necesitamos fortalecer nuestra fe y alimentarnos del amor y poder de nuestro Dios.

Es tiempo de cultivar lo que realmente es espiritual, y nada más grande y excelente que conocer el amor de Dios; siendo por supuesto, el sacrificio de Jesús, su más grande evidencia.

1) La poderosa oración del apóstol Pablo.

Efesios 3:14-15 "Por esta causa doblo mis rodillas ante el Padre de nuestro Señor Jesucristo, de quien toma nombre toda familia en los cielos y en la tierra".

Debemos destacar la frase del apóstol: "Doblo mis rodillas ante el Padre de nuestro Señor Jesucristo". Posición que debe ir más allá de un acto físico, para convertirse en un genuino acto de adoración a Dios y reconocimiento de su poder y señorío.

El apóstol Pablo se despoja de sus títulos y de cualquier importancia que haya alcanzado ante los hombres para humillarse delante del Creador. Nos recuerda esto que sólo los humildes de corazón acceden a la presencia de Dios.

No podemos pasar por alto, el hecho de que esta Epístola a los Efesios es una de las llamadas "Epístolas de la prisión"; el apóstol estaba preso, y desde su celda se entrega a la oración y a la adoración, no se queja ni murmura, aunque su situación era difícil; él decide adorar a Dios. Es sin duda, un ejemplo para nosotros.

Del Padre celestial, dice Pablo, toma nombre toda familia en los cielos y en la tierra. Por tanto podemos decir, que hay familias en la tierra y en los cielos.

La palabra "familia" se traduce del término griego "patria", que además quiere decir: tribu, linaje, clan. Por tanto, hablamos de la familias de la tierra como las conocemos, y de los grupos y clases angelicales o seres celestiales. Todos, seres humanos y seres angelicales fuimos creados por Dios, y de él todos somos.

Es muy interesante tener en cuenta, que el apóstol se dispone a orar e interceder por otros; mientras él estaba preso, intercedía por los que estaban libres. Él estaba en una celda por predicar a Cristo, y su riqueza espiritual lo hacía más libre que los que estaban afuera.

2) Peticiones de Pablo y revelaciones de Dios.

Efesios 3:16-17a "para que os dé, conforme a las riquezas de su gloria, el ser fortalecidos con poder en el hombre interior por su Espíritu; para que habite Cristo por la fe en vuestros corazones".

a) Sin duda alguna, esta porción de las Escrituras merece nuestra lectura y reflexión detallada con la ayuda del Espíritu Santo. En primer lugar, nos dice: "Para que os dé", Pablo sabe que toda bendición y poder viene de Dios. Aquí el apóstol no ruega por su libertad, más bien ruega por la iglesia. No es egoísta, él tiene mentalidad de reino y ruega por el poder de Dios en medio de su iglesia.

b) De acuerdo a las riquezas de la gloria de Dios pide que los cristianos sean fortalecidos con poder por su Espíritu Santo; notemos que aquí las riquezas de gloria no tienen que ver con las riquezas terrenales, ese no es el pedido. Pablo pide por fortaleza espiritual, aquella que nos afirma en Cristo y nos hace avanzar hacia la voluntad de Dios.

c) Esto se pide con un objetivo especial, y es "para que habite Cristo en vuestros corazones". La iglesia de Efeso ya era cristiana, eran nacidos de nuevo, ya tenían a Cristo en sus corazones, entonces ¿Qué significa "para que habite Cristo en sus corazones"? ¿Por qué pedirle a Dios que habite Cristo en el corazón de los que ya son cristianos?

La palabra "habitar" se traduce del término griego "katoikeo" que además traduce: morar fijamente, residir permanentemente, establecerse. Es el antónimo de peregrino.

No podemos ser personas en quienes Cristo sólo fue una experiencia o un peregrino que iba de paso; debemos ser casa o morada permanente de Cristo, pues él es nuestro principio y fin, Cristo es el Alfa y la Omega, el que es y que era y que ha de venir, el Todopoderoso, a él sea la gloria por los siglos de los siglos. Amén.

3) ¿Cómo ser llenos de toda la plenitud de Dios?

Efesios 3:17b-19 "a fin de que, arraigados y cimentados en amor, seáis plenamente capaces de comprender con todos los santos cuál sea la anchura, la longitud, la profundidad y al altura, y de conocer el amor de Cristo, que excede a todo conocimiento, para que seáis llenos de toda la plenitud de Dios".

a) "Arraigados y cimentados en amor". La palabra "arraigados" nos lleva pensar en las raíces de los árboles; de hecho, la palabra griega significa primeramente: echar raíces.

Es fortalecer nuestras raíces en el amor de Cristo. Como las raíces de los árboles toman de la tierra el agua y sus nutrientes para vivir, nosotros debemos tomar nuestra vida de Cristo continuamente, y afirmarnos en él; así como las raíces pueden sostener a inmensos árboles en esta tierra.

Nos dice también: "Cimentados en amor", y ya que cimiento es base, fundamento; nos dice pues, que nuestra identidad como hijos de Dios, nuestro amor debe ser alimentando por Cristo, y no por el mundo, ni por lo que éste llama "amor". Dios es amor, en él estamos completos, y nos capacita en realidad para amar, perdonar y tolerar a los demás.

b) Por el amor de Dios y por el Espíritu Santo podemos comprender las cosas del Señor. Nos dice el texto, que por eso podemos comprender la anchura, la longitud, la profundidad y la altura del amor de Cristo.

El amor de Cristo excede a todo conocimiento. No es con la mente natural, pues con ésta se adquiere el conocimiento normal; pero éste no, pues excede a todo conocimiento. La palabra griega traducida como "comprender" significa literalmente: Apoderarse de algo y hacerlo propio. Es una comprensión por experiencia.

El Espíritu Santo nos dice que podemos conocer el ancho, el largo, la profundidad y la altura del amor de Cristo. Si consideramos estas medidas podemos pensar en algo así como un cubo.

En el templo de Jerusalén, el Lugar Santísimo era un cubo, sus medidas según 1 Reyes 6:20, eran "veinte codos de largo, veinte codos de ancho, y veinte de altura". Ya que cada codo (medida lineal bíblica) mide 45 centímetros, quiere decir que cada lado medía nueve metros, era un cubo perfecto. Eran tres lados de nueve, tres nueves.

En la Biblia, el número tres nos habla de trinidad, perfección divina, testimonio perfecto; y el número nueve nos habla de la gracia de Dios, porque nueve son los dones del Espíritu Santo, nueve son las manifestaciones del fruto del Espíritu Santo, y Jesús murió a la hora novena por nuestros pecados.

Cuando el sumo sacerdote entraba a aquel Lugar Santísimo, a aquel cubo perfecto, la gracia de Dios lo cubría, pues sólo por la sangre de cordero sacrificado no caía muerto. Aquel cubo o Lugar Santísimo, tenía tres medidas: largo, ancho y alto.

En Efesios 3:18 acerca del amor de Cristo, se nos añade una cuarta medida: la profundidad. Es la que mide hacia abajo, la que cubre el suelo, cubre esa porción de tierra.

Recordemos que bajo la superficie de la tierra está el inframundo, de allí los hechiceros invocan a sus demonios, con señales en la tierra los satanistas hacen sus ceremonias, etc. Podemos decir entonces, que el amor de Cristo es tan poderoso que nos cubre completamente del enemigo.

c) Debemos también tener en cuenta, que nosotros no servimos en el sacerdocio terrenal levítico; ahora es Cristo nuestro sumo sacerdote quien ministra en el santuario celestial según el orden de Melquisedec, es un sacerdocio celestial; por eso, el amor de Cristo nos cubre completamente.

Así como en el Antiguo Testamento, el tabernáculo y el templo se llenaban de la gloria de Dios, hoy nosotros hemos venido a ser templo del Espíritu Santo, y cuando crecemos en la comprensión del amor de Cristo, somos llenos de toda la plenitud de Dios: Versículo 19.

No oramos sólo por orar; no buscamos a Dios sólo para satisfacer nuestras necesidades personales; no nos congregamos por cumplir; buscamos a Dios y su revelación para conocer mucho más el amor de Cristo y ser llenos de toda su plenitud.

4) El ilimitado poder de Dios.

Efesios 3:20-21 "Y a Aquel que es poderoso para hacer todas las cosas mucho más abundantemente de lo que pedimos o entendemos, según el poder que actúa en nosotros a él sea gloria en la iglesia en Cristo Jesús por todas las edades, por los siglos de los siglos. Amén".

Poderoso es Dios para hacer mucho más abundantemente de lo que pedimos o entendemos. Es muy importante tener en cuenta esta verdad, y es que el poder de nuestro Dios no se detiene por nuestra limitada fe, pero sí por la ausencia de oración.

El apóstol mismo nos está enseñando la importancia de clamar a Dios, de orar, de interceder por sus planes y propósitos. Nada puede detener el poder de nuestro Dios, pero Pablo oraba para que su iglesia creciera en esa revelación.

El apóstol termina esta sección dando gloria a Dios, él exalta a Aquel que es poderoso para manifestarse a favor de su pueblo, Aquel que siempre hará mucho más de lo que esperamos, pues todo es posible para él.

Conclusión: Levantémonos en adoración al Todopoderoso, Aquel que nos lleva de gloria en gloria. Gracias a Dios Padre por que hoy somos sus hijos, gracias al Espíritu Santo de quien hoy somos templo, y gracias a nuestro Señor Jesucristo, el que nos redimió con su sangre y hoy nos cubre completamente con su amor.

Tema 6: Dios es bueno y misericordioso.

Introducción: Introducción: Humanamente hay ciertas cosas que nos gustan de la vida cristiana, y otras no tanto, como las pruebas, pero ellas son una bendición de Dios. A veces nosotros destacamos ciertas cosas de Dios porque nos agradan, pero no nos gusta destacar aquello que nos es difícil entender o que consideramos es muy duro, como por ejemplo:

La disciplina de Dios, el juicio de Dios, dar cuentas a Dios de lo que él nos ha dado, pero es necesario conocer a Dios como él es, y no como nosotros queremos que él sea, el amor se construye con los años y definitivamente cuanto más conocemos a Dios más lo amamos.

1) El llamado de Dios, Isaías 55:1.

"A todos los sedientes: Venid a las aguas; y los que no tienen dinero, venid, comprad sin dinero y sin precio, vino y leche".

A. Momento histórico de Israel:

Esta palabra es dada en el año 700 antes de Cristo aproximadamente. El profeta Isaías escribe éste mensaje en tiempos del malvado rey Manasés. Al pueblo de Judá seguía el camino de la apostasía y se apoyaba en la pagana Asiria para su protección y liberación. Además los gobernantes explotaban al pueblo y llenaron a Jerusalén de sangre y rapiña.

B. Dios llama a su pueblo:

1. Les habla a los sedientos: versículo 1a.

Se ha comparado esta invitación con los gritos de los aguateros y de otros vendedores, tan comunes en el Oriente próximo.

2. Les habla a los que reconocen que no pueden pagar el bien de Dios: versículo 1b.

Dios ofrece en primera instancia "aguas" en plural indicando abundancia, pero luego añade "vino y leche" que en la cultura judía son señales de prosperidad de Dios y bendición, de manera que en Dios hay abundancia y está dispuesto a bendecir a sus hijos más de lo que se imaginan o esperan.

3. Les habla a los que intentan llenar su corazón con lo que no viene de Dios: versículo 2a "¿Por qué gastáis el dinero en lo que no es pan, y vuestro trabajo en lo que no sacia?".

4. Les habla a los que quieren vivir: versículo 3-4.

"Inclinad vuestro oído, y venid a mí; oíd, y vivirá vuestra alma; y haré con vosotros pacto eterno, las misericordias firmes a David. He aquí que yo lo di por testigo a los pueblos, por jefe y por maestro a las naciones".

Los comentaristas bíblicos nos enseñan que éste pasaje hace alusión a la descendencia mesiánica, es decir Cristo, y es que sólo en Jesucristo, nuestro Señor, el hombre encuentra la verdadera vida. El hombre sin Dios es como un caminante sediento que va por el desierto, muriendo poco a poco, pero cuando se encuentra con Cristo, su sed es saciada y recibe la verdadera vida, vida eterna, podemos ver en Israel por el desierto un ejemplo.

2) Beneficios de buscar a Dios, Isaías 55:6.

"Buscad a Jehová mientras puede ser hallado, llamadle en tanto que está cercano".

A. Experimentar su Presencia.

Es fundamental valorar la presencia de Dios, vemos por ejemplo que Sansón no lo hizo y la perdió, Jueces 16:20 "Y Dalila le dijo: ¡Sansón, los filisteos sobre ti! Y luego que despertó él de su sueño, se dijo: Esta vez saldré como las otras y me escaparé. Pero él no sabía que Jehová ya se había apartado de él".

Algo similar le sucedió al rey Saúl, 1 Samuel 16:14, "El Espíritu de Jehová se apartó de Saúl, y le atormentaba un espíritu malo de parte de Jehová". En cambio la oración del rey David era: "No me eches de delante de ti, y no quites de mí tu santo Espíritu", Salmo 51:11, porque lo más grande no es el tamaño del castillo, lo más hermoso no es el resplandor del palacio, lo más grande es habitar en la cámara intima del Rey.

B. Provisión integral en abundancia, Isaías 55:2b

"Oídme atentamente, y comed del bien, y se deleitará vuestra alma con grosura".

En otras versiones leemos por ejemplo: N.V.I: "Escúchenme bien, y comerán lo que es bueno, y se deleitarán con manjares deliciosos". N.C: "Escuchadme y comeréis lo bueno y os deleitaréis con manjares suculentos".

Desde la creación (el Edén) vemos la voluntad de Dios para su pueblo, él desea lo mejor para sus hijos, pero a causa del pecado Dios no puede cumplir plenamente su palabra, en este pasaje Dios está llamando su pueblo a un acercamiento sincero para derramar sus bendiciones, porque Dios es misericordioso y bueno.

C. A causa de Cristo el pueblo de Dios se multiplicará sin medida, Isaías 55:5.

"He aquí llamarás a gente que no conociste, y gentes que no te conocieron correrán a ti, por causa de Jehová tu Dios, y del Santo de Israel que te ha honrado".

Dios usará a su pueblo para enseñar a las naciones en el gobierno mesiánico, pero esto ha comenzado ya por el testimonio de Cristo a las naciones, leemos también que Dios honra a su pueblo ¿qué significa honrar?

Esta palabra se traduce del hebreo "paár" que además significa también: relucir, embellecer, decorar, hacer resplandecer, glorificar; quiere decir que Dios aumentará su nivel de gloria sobre su pueblo, que lo pondrá en lugares de privilegio, que será usado para bendecir las naciones del mundo.

D. Dios promete perdón, Isaías 55:7.

"Deje el impío su camino, y el hombre inicuo sus pensamientos, y vuélvase a Jehová, el cual tendrá misericordia, y al Dios nuestro, el cual será amplio en perdonar".

Nuestros caminos pueden ser caminos de impiedad: "deje el impío su camino" y nuestros pensamientos pueden ser pensamientos de iniquidad: "deje el hombre inicuo sus pensamientos"; lo que Dios dice es: "vuélvase a Jehová"… y hallará misericordia y perdón, y sin duda alguna paz y bendición.

¿Por qué escoge el hombre el camino del dolor y la angustia? Porque cual Adán piensa que su propio camino es mejor, pero siempre Dios tendrá la razón y él quiere para nosotros lo mejor.

3) Los propósitos de Dios requieren nuestra fe, Isaías 55:8-11.

"Porque mis pensamientos no son vuestros pensamientos, ni vuestros caminos mis caminos, dijo Jehová. Como son más altos los cielos que la tierra, así son mis caminos más altos que vuestros caminos, y mis pensamientos más que vuestros pensamientos" Isaías 55:8-9.

A. Dios es nuestro verdadero salvador.

Ellos miraban a sus ídolos, confiaban en las imágenes de Asera y baal, pero sólo en Cristo hay salvación, sólo en él se puede entender nuestro propósito en la tierra, y es en la Palabra de Dios que se puede conocer esa salvación, allí se conocen sus pensamientos y caminos.

A la luz de la palabra de Dios podemos entender que él plan de Dios con cada uno es grande, que no vale la pena seguir otros caminos, que lo mejor es seguir a Jesucristo y entonces su palabra será prosperada en nosotros, porque él es bueno y todos sus propósitos son los mejores, por tanto podemos confiar en él.

B. Dios es nuestro verdadero proveedor, versículo 2a.

Ellos trabajaban pero no gozaban el bien de su trabajo, no podían cumplir sus sueños, su corazón sentía insatisfacción, porque ellos confiaban en sus propias fuerzas, en sus propios recursos, en sus propios caminos y pensamientos, y no confiaban en Dios, engañaban y pensaban que Dios aprobaba esto, eran injustos y creían que Dios estaba contento.

Ellos tenían el templo de Dios abandonado, y pensaban que sus ídolos traerían la bendición. Pero cuando reconocemos a Dios, podemos decir: "Jehová es mi pastor y nada me faltará"... "¿de dónde vendrá mi socorro? Mi socorro viene de Jehová que hizo los cielos y la tierra".

C. Dios es nuestro verdadero protector.

Ellos confiaban en Asiria, como la nación que los protegería y salvaría en caso de un ataque, pero Isaías 54:17, nos enseña que Dios es nuestro verdadero protector.

"Ninguna arma forjada contra ti prosperará, y condenarás toda lengua que se levante contra ti en juicio. Esta es la herencia de los siervos de Jehová, y su salvación de mí vendrá, dijo Jehová" Isaías 54:17.

Conclusión: Dios está llamando a su pueblo a buscar su presencia, lo que implica conciencia de su misericordia y santidad, pues él nos perdonará, y también nos llama a abandonar lo malo de nuestras vidas, porque lo que más anhela Dios es ver su propósito cumplido en nosotros, es darnos su plenitud en Cristo, él pagó un precio muy alto para hacernos partícipes de su gloria y lo hizo por amor, la voluntad de Dios es bendecirte.

Introducción: Introducción: En una ocasión un rey visitó a los niños en una escuela rural, y ellos habían dicho que toda cosa pertenece a uno de los tres reinos: mineral, vegetal o animal. En aquel día el ingreso y les preguntó: Y yo, ¿a cuál reino pertenezco? Los niños no hallaban cómo contestarle; pero una niña resolvió la dificultad diciendo: Vos pertenecéis al reino de Dios, porque por Su voluntad reináis.

El rey quedó satisfecho y contento con la viveza de la niña y emocionado por esta verdad que ella había declarado. Nada tenemos y nada podemos hacer sin que Dios nos lo conceda primero, porque él es Señor y dueño de todo. Él está sentado en Su trono y gobierna todas las cosas, no importa cuán grande sea el problema, siempre Dios será más grande...

I. LA PRESENCIA DE JESÚS CONMUEVE TODAS LAS COSAS.

A. Jesucristo fue anunciado primero, Mateo 21:4-5.

"Todo esto fue hecho para que se cumpliese lo que fue dicho por el profeta, que dijo: Decid a la hija de Sión: He aquí tu Rey viene a ti, manso, y sentado sobre una asna, y un pollino hijo de animal de yugo".

Desde los tiempos antiguos el rey era anunciado antes de aparecer, y su llegada provocaba expectativa, y muchos arreglos y preparativos se hacían para recibirlo. Vemos en las Escrituras que los profetas ya habían anunciado la llegada del Rey, el verdadero y gran Rey, el Rey de reyes, Jesucristo a Jerusalén llegaría.

Nos dice el texto: "tu Rey viene a ti", viene por iniciativa propia, y ¿cómo viene? "Manso y humilde" dice la Biblia, accesible para todas las necesidades, y necesitados. Los caballos estaban reservados a los nobles de la corte real y para los oficiales del ejército, el Señor Jesús entró montado en un asno, mostrando su humillación y manifestando que venía en son de paz y no de guerra.

B. Cuando el Señor Jesucristo llega, todo es conmovido, Mateo 21:10-11.

"Y entrando Él en Jerusalén, toda la ciudad se conmovió, diciendo: ¿Quién es Éste? Y la multitud decía: Éste es Jesús el profeta, de Nazaret de Galilea".

La palabra conmover es traducida del término griego "seío", que traduce además: sacudir, agitar, hacer temblar, mover de un lado a otro. Jesús es el Rey que trae paz, y de hecho llegó a la ciudad de Jerusalén, cuyo nombre significa "ciudad de paz", pero primero el Señor conmueve las estructuras humanas para establecer la suya. Su llegada provoca cambios que no se esperan, ante los cuales hay muchas preguntas: "¿quién es éste?" decían.

Nosotros ante Su obra podemos decir: ¿Qué es esto? ¿Qué está pasando? Y la respuesta será: es el Señor Jesús, que ha venido y está conmoviendo las cosas, está acomodando, y quizá sea un tanto incomodo, y hasta nos disguste, pero seguramente será para nuestro bien, pues su palabra dice:

"Porque yo sé los pensamientos que tengo acerca de vosotros, dice Jehová, pensamientos de paz, y no de mal, para daros el fin que esperáis", Jeremías 29:11. Dios todo lo hace por amor.

Vemos que la gente con gozo respondía: "es Jesús el profeta, de Nazaret de Galilea". En la historia de Israel habían transcurrido 400 años donde Dios no había vuelto a hablar por sus profetas, ahora estaba no sólo un profeta sino Dios mismo hablándoles.

A veces Dios esta callado, y con ese silencio nos está llamando a buscarlo en intimidad, buscar Su rostro en el secreto, porque quiere estar con nosotros, sus hijos, quiere escucharlos y hablarles a su corazón.

II. JESUCRISTO ES EL REY DE PRODIGIOS Y MARAVILLAS.

A. Jesús es Rey, salvador y sanador, Mateo 21:14-15.

"Y los ciegos y los cojos venían a Él en el templo, y los sanaba. Y cuando los príncipes de los sacerdotes y los escribas vieron las maravillas que hacía, y a los muchachos aclamando en el templo y diciendo: ¡Hosanna al Hijo de David! se indignaron".

Los enfermos cuando se enteraron de que Jesús había llegado, vinieron a él, y recibieron sanidad, la Biblia llama a esto: "maravillas" traducción del término griego "dsaumásios" que traduce además: asombroso, milagro, cosas extraordinarias. Definitivamente lo que el Señor Jesús hace es maravilloso, extraordinario.

Pensemos por ejemplo: Nos creó, nos perdonó, nos dio vida eterna, nos ha sanado, liberado, restaurado, nada nos ha faltado, ha cuidado de nosotros, nos ha sacado del hoyo de la desesperación muchas veces y estaremos para siempre con él en su Reino.

B. El celo religioso y la soberbia nos impiden ver las maravillas de Jesús.

Los sacerdotes y escribas eran testigos de las maravillas y oían las alabanzas de las personas, pero no creían en el Mesías, no eran ciegos ni sordos pero no querían ver ni oír. Recordemos que la peor desgracia no es ser pecador, la más grande desgracia es no reconocerlo. Escribas y fariseos eran representantes de la vida religiosa, pero no eran ejemplos de la verdadera vida espiritual.

Jesucristo vino a sanar al enfermo, a perdonar al pecador, a restaurar a quien ha caído. La religión enferma, ata, condena, y no salva, porque el único mediador entre Dios y los hombres, se llama Jesucristo nuestro Señor.

Es interesante que el texto nos dice: "los muchachos" traducción del término del griego "país" que traduce además: muchacho, joven, niño. Ellos cantaban "Hosanna al Hijo de David", sin duda esto lo aprendieron de los adultos, versículo 9 (una gran responsabilidad que tenemos es enseñar a nuestros hijos la palabra de Dios y enseñarles a dorar a Dios).

La palabra "Hosanna" significa desde el hebreo «salva, te rogamos». Vino a ser una expresión de alabanza en lugar de ruego, aunque originalmente fue quizá un clamor pidiendo ayuda.

El clamor del pueblo de Israel cuando la entrada triunfal del Señor Jesús en Jerusalén fue tomado del Salmo 118, que era recitado en la Fiesta de los Tabernáculos, «El último día de la fiesta» recibía el nombre de «el gran Hosanna», y las ramas recibían también el nombre de hosannas.

III. JESUCRISTO EL SEÑOR TRAE LIMPIEZA Y ORDEN A LA CASA.

A. Jesús viene a su templo y lo transforma, Mateo 21:12.

"Y entró Jesús en el templo de Dios, y echó fuera a todos los que vendían y compraban en el templo, y volcó las mesas de los cambistas, y las sillas de los que vendían palomas".

Lo que hacían los cambistas debía hacerse, es decir vender los animales del sacrificio y cambiar el dinero, pero ellos lo hacían mal, pues profanaban o menospreciaban el templo del Señor, "vendían y compraban en el templo", y así el énfasis del culto ya no era Dios ni la adoración a él, sino el comercio.

Cuando el Señor Jesús entra en nuestra vida, saca de ahí lo impropio, lo que está torcido. La Biblia nos enseña que Jesús hizo esto (sacar el templo de cambistas) dos veces, al comienzo y al final de su ministerio, algunas biblias llaman a ésta porción la "purificación del templo", y con esto debemos recordar que Cristo viene por una "iglesia gloriosa, que no tenga mancha ni arruga ni cosa semejante, sino que sea santa y sin mancha". Una iglesia limpia, y sin duda es la sangre del Cordero la que nos limpia.

B. El Señor Jesús quiere que su casa sea una casa de adoración y poder, Mateo 21:14 y 16.

"Y los ciegos y los cojos venían a Él en el templo, y los sanaba… y le dijeron: ¿Oyes lo que éstos dicen? Y Jesús les dijo: Sí; ¿nunca leísteis: De la boca de los niños y de los que maman perfeccionaste la alabanza?".

Dios quiere debido a la adoración de su pueblo, venir, es decir manifestar Su gloriosa presencia con poder, sanando, restaurando y salvando las vidas. La presencia de Jesús transforma todas las cosas.

Nuestra vida integral debe ser un lugar de culto a Dios, somos templo del Espíritu Santo de Dios, él está en nosotros, por tanto donde vamos él va con nosotros, por eso la mejor adoración no se da en el templo más hermoso, y brillante, sino en el corazón consciente de la presencia de Dios en él, y por eso procura siempre agradarle y obedecerle su voz y mandamientos.

El versículo 8 nos enseña la importancia de reconocer el señorío y gobierno de Cristo (la gente procuró honrar a Cristo de la mejor manera que podían hacerlo, y por eso alfombraron con sus mantos el camino.

Cuando Jehú fue proclamado rey de Israel, los príncipes del ejército pusieron sus mantos debajo de él, en señal de homenaje y sumisión), esto nos enseña que los que aceptamos a Jesucristo por Rey y Señor de nuestras vidas, debemos colocarlo todo bajo sus pies. Él es el Señor y dueño de todo.

Conclusión: La mejor adoración que podemos ofrecerle al Señor es nuestro corazón sincero, manso, obediente, humilde, sometido a Su voluntad, que procura agradarle siempre, que puede alabarle en medio de la adversidad, viviendo el proceso de Dios y quizá sin entender claramente lo que está pasando, pero confiado en que

Dios tiene el gobierno de todas las cosas, y a la postre hará el bien.

Puedes conocer todos nuestros libros aquí en Amazon.com:
LIBROS DEL PASTOR GONZALO SANABRIA.

Deseamos que este libro haya sido de tu agrado.
Te invitamos a visitarnos:

ESTUDIOSYSERMONES.COM

Te invito a adquirir nuestras series de libros para predicar en Amazon.com:

1) *Estudios Bíblicos para predicar*.

2) *Estudios cristianos para enseñar.*

3) *Sermones cristianos para enseñar.*

4) *Sermones para predicar.*

5) *Estudios Bíblicos.*

6) *Bosquejos de la Biblia.*

Puedes ver todos otros libros del autor aquí en:
PÁGINA DE AUTOR EN AMAZON